Sachwissen Latein
für das Abitur

C. C. Buchner

Sic est! 3
Sachwissen Latein
für das Abitur
wurde bearbeitet von Michael Lobe.

1. Auflage, 4. Druck 2016

Alle Drucke dieser Auflage sind, weil untereinander unverändert, nebeneinander benutzbar.

© 2010 C.C.Buchner Verlag, Bamberg
Das Werk und seine Teile sind urheberrechtlich geschützt. Jede Nutzung in anderen als den gesetzlich zugelassenen Fällen bedarf deshalb der vorherigen schriftlichen Einwilligung des Verlages. Dies gilt insbesondere auch für Vervielfältigungen, Übersetzungen und Mikroverfilmungen. Hinweis zu § 52 a UrhG: Weder das Werk noch seine Teile dürfen ohne eine solche Einwilligung eingescannt und in ein Netzwerk eingestellt werden. Dies gilt auch für Intranets von Schulen und sonstigen Bildungseinrichtungen.

www.ccbuchner.de

Layout, Satz und Lithografie: tiff.any GmbH, Berlin
Druck und Bindung: creo Druck & Medienservice GmbH, Bamberg

ISBN 978-3-7661-5278-7

Vorwort

Liebe Schülerin, lieber Schüler,

dieses Bändchen bietet Ihnen in überschaubarem Umfang das Basiswissen für den Lateinunterricht in der Oberstufe des achtjährigen Gymnasiums. Es soll nicht nur einen raschen Überblick über die Inhalte der Semester ermöglichen, sondern zugleich als konzentriertes Begleitwissen für den Unterricht nützliche Dienste leisten und Ihnen insbesondere die gezielte Vorbereitung auf die Semesterklausuren und vor allem das Abitur erleichtern. Damit Sie die gebündelten Informationen leicht aufnehmen können, finden Sie neben den bewusst knapp gehaltenen Texten der Übersicht und besseren Einprägsamkeit halber Zeitleisten, Informationskästen, Illustrationen und Tabellen. Überdies verhelfen mehrere Register zu einer raschen Orientierung über die wesentlichen Autoren, Werke, Gattungen und Fachbegriffe.

Auch wenn *Sic est!3* alle wesentlichen und von den Lehrplänen verlangten Aspekte des jeweiligen Themas umfasst, kann es sein, dass Sie bzw. Ihre Lehrer zusätzliche Schwerpunktsetzungen oder Vertiefungen vornehmen wollen – zu diesem Zweck findet sich auf jeder Seite ein angemessener Platz für eigene Notizen.

Das Bändchen soll Ihnen in seiner Kürze und Strukturiertheit die Angst nehmen, vor einem schier unübersteigbar scheinenden Wissensberg zu stehen – bereits Horaz wusste: *dimidium facti, qui coepit, habet* – wer frisch drauflos legt, hat schon die Hälfte der Arbeit getan. In diesem Sinne wünscht Ihnen der Verfasser viel Vergnügen bei der Lektüre, deutliche Vermehrung Ihrer Einsichten und nicht zuletzt viel Erfolg!

Bildnachweis

Titel: akg-images / Erich Lessing | 6: Andreas Sobeck / Stadt Deggendorf | 7: Scala, Florenz | 9: akg-images / Erich Lessing | 11: akg-images / Peter Connolly | 13: akg-images / Erich Lessing | 14: Bridgeman Art Library, London | 15: WikiCommons / Joachim Köhler | 16: Brigdeman Art Library, Berlin | 18: Scala, Florenz / Fotografica Foglia | 19: akg-images / Jürgen Sorges | 20: WikiCommons / Schorle | 21: picture-alliance / akg-images | 22: picture-alliance / Prismaarchivo | 23a: Bridgeman Art Library / Giraudon | 23b: akg / Bildarchiv Steffens | 24: WikiCommons / Marie-Lan Nguyen | 26: akg-images / Cameraphoto | 28: picture-alliance / imagestate/HIP | 30, 31: akg-images

Inhaltsverzeichnis

1 Die Liebe zur Weisheit – Philosophie in Rom
- 1.1 Die Anfänge der Philosophie 6
- 1.2 Die Wende durch Sokrates. 7
- 1.3 Die großen philosophischen Schulen der Antike 8
- 1.3.1 Die Akademie Platons 8
- 1.3.2 Der Peripatos des Aristoteles 9
- 1.3.3 Der Kepos Epikurs. 9
- 1.3.4 Die Stoa 10
- 1.3.5 Gemeinsamkeiten zwischen Epikureismus und Stoa. 12
- 1.3.6 Unterschiede zwischen Epikureismus und Stoa 12
- 1.4 Die Philosophie in Rom 13
- 1.4.1 Der Scipionenkreis 13
- 1.4.2 Ciceros Leistung auf dem Gebiet der Philosophie. 13
- 1.4.3 Seneca – ein Stoiker an der Macht. . 14
- 1.4.4 Dialog und Lehrbrief 15

2 Die Lust am Spotten – die römische Satire
- 2.1 Die Satire als römische Erfindung . . . 16
- 2.1.1 Die Verssatire und ihre römischen Vertreter. 16
- 2.1.2 Die menippeische Satire und ihre römischen Vertreter 16
- 2.2 Petron 17
- 2.3 Petrons Roman *Satyrica* 17
- 2.3.1 Die *Cena Trimalchionis*. 17
- 2.3.2 Das Vulgärlatein und seine Merkmale 18
- 2.4 Die Eigenart der horazischen Satire – *ridentem dicere verum* 19
- 2.5 Das Epigramm als Gattung satirischen Schreibens 19
- 2.5.1 Catull 20
- 2.5.2 Martial. 20
- 2.5.3 Lessings Epigrammtheorie und die Metrik des elegischen Distichons am Beispiel von Martial 10, 8 20

3 Die Freude über Frieden – die Zeit des Augustus
- 3.1 Die geschichtliche Leistung des Augustus 21
- 3.2 Kunst und Baukunst zur Zeit des Augustus 21
- 3.3 Die Literatur der augusteischen Zeit . 22
- 3.3.1 Der Maecenaskreis 22
- 3.3.2 Vergil (*Bucolica – Georgica – Aeneis*) 23
- 3.3.3 Das Epos und seine Merkmale 24
- 3.3.4 Horaz 25
- 3.3.5 Livius 25
- 3.3.6 Die exemplarische Geschichtsschreibung des Livius 26

4 Das Leben in der Gemeinschaft – Ciceros Staatstheorie
- 4.1 Ciceros Schrift *de re publica* – historischer und biografischer Hintergrund 27
- 4.2 Der Aufbau von Ciceros Schrift *de re publica* 27
- 4.3 Die Rolle des Einzelnen in Staat und Gesellschaft 28
- 4.4 Ciceros Staatsdefinition und Staatsentstehungstheorie in *de re publica* 1, 39 28
- 4.5 Die Staatsformen und die Theorie vom Verfassungskreislauf 29
- 4.6 Die gemischte Verfassung (*genus mixtum*) 29
- 4.7 Recht und Gerechtigkeit 30
- 4.8 Die Problematik des gerechten Krieges (*bellum iustum*) 31
- 4.9 Der gerechte Staatsmann 31
- 4.10 Augustinus Schrift *de civitate dei* . . 31

5 Register
- 5.1 Autoren und Werke in der Oberstufe . 33
- 5.2 Literarische Gattungen der Oberstufenlektüre 33
- 5.3 Alphabetisches Register 33

| 600 v. Chr. | 500 v. Chr. | 400 v. Chr. | 300 v. Chr. |

Vorsokratiker			Stoiker
Thales (um 624 v. Chr. – um 546 v. Chr.)	Sokrates (469 v. Chr. – 399 v. Chr.)		Zenon von Kition (333 v. Chr. – 264 v. Cl
Anaximander (um 610 v. Chr. – nach 547 v. Chr.)	Platon (427 v. Chr. – 347 v. Chr.)		Kleanthes (331 v. Chr. – 232 v. Cl
Anaximenes (um 585 v. Chr. – um 526 v. Chr.)	Aristoteles (384 v. Chr. – 322 v. Chr.)		Chrysipp (um 280 v. Chr. – um 206 v. Chr.)
	Epikur (341 v. Chr. – 270 v. Chr.)		

1 Die Liebe zur Weisheit – Philosophie in Rom

1.1 Die Anfänge der Philosophie

Philosophie heißt eigentlich »Liebe zur Weisheit« und meint das Streben nach verstandesgeleiteter Erkenntnis der Welt. Als die ersten Philosophen gelten griechische Gelehrte ab dem 6. Jh. v. Chr., die an der Westküste Kleinasiens, der heutigen Türkei, lebten und Naturphänomene (wie etwa Blitze) nicht mehr als Folge göttlichen Eingreifens deuteten, sondern naturwissenschaftlich zu erklären versuchten. Ihr Denken gilt als Übergang vom Mythos zum Logos, weil sie mythische Gläubigkeit durch rationale Begründungen ersetzen: Anstelle eines persönlichen Ur-hebers der Welt forschen sie nach einer personunabhängigen Ursache. So sieht Thales von Milet das Wasser als den Urstoff (*arché*) an, der ohne göttliches Zutun alles Leben und alle Dinge entstehen lässt.

Für Anaximander ist das sog. Apeiron (»Unendliches«, »Unbegrenztes«) der Urstoff – ein unendlicher stofflicher Vorrat, aus dem alle Dinge hervorgehen. Anaximenes definiert die Arché als Luft, die durch Verdichtung und Verdünnung alles Seiende hervorbringt. Diese ersten

Brunnen am Michael-Fischer-Platz in Deggendorf

Naturphilosophen eint die Überzeugung, dass alle Dinge der Welt aus einem stofflichen Urgrund hervorgehen und in diesen wieder zurückkehren. Da dessen Substanz auf diese Weise erhalten bleibt, ist der Urstoff ein immerwährender Anfang, aus dem alles wird.

Diese Denker bezeichnet man auch als Vorsokratiker, weil sie vor dem bedeutenden athenischen Philosophen Sokrates (469–399 v. Chr.) wirkten.

| | 100 v. Chr. | 0 | 100 n. Chr. | 200 n. Chr. |

Epikureer
Philon von Larissa
(um 159 v. Chr. – um 84 v. Chr.)
Lukrez (um 97 v. Chr. – um 55 v. Chr.)

Stoiker
Seneca (um 1 n. Chr. – um 65 n. Chr.)
Epiktet (50 n. Chr. – 125 n. Chr.)
Mark Aurel
(121 n. Chr. – 180 n. Chr.)

anaitios
(185 v. Chr. – 110 v. Chr.)
arneades
(um 213 v. Chr. – um 128 v. Chr.)
Poseidonios (um 135 v. Chr. – um 51 v. Chr.)
Cicero (106 v. Chr. – 43 v. Chr.)

1.2 Die Wende durch Sokrates

Sokrates leitete eine neuerliche Wende des Denkens ein, indem er nicht die Erklärung der Natur, sondern das sittliche Verhalten des Menschen in den Mittelpunkt der Philosophie stellte. Die Ethik wurde zu einem wichtigen Bereich der Philosophie [▶ Die drei Bereiche der Philosophie]. Sokrates' Fähigkeit bestand darin, durch die Art seiner Gesprächsführung Erkenntnisprozesse in Gang zu setzen. Indem er sich unwissend stellte (sokratische Ironie), zwang er sein Gegenüber zur Darstellung eines Sachverhalts, bis Unklarheiten oder Widersprüche zu Tage traten. Dann fragte Sokrates gezielt nach und erschütterte die scheinbar unumstößlichen Gewissheiten – oft wussten seine Gesprächspartner nicht weiter. Das Erlebnis dieser Aporie (Ausweglosigkeit) führte ihnen die Begrenztheit gesicherten Wissens vor Augen, sodass sie beschämt die Bescheidenheitsformel des Sokrates verstanden, der sagte, er wisse, dass er nichts weiß. Diese Kunst der Gesprächsführung bezeichnete Sokrates als Maieutik (Hebammenkunst), weil er seinen Dialogpartnern bei der Entbindung neuer Erkenntnisse half.

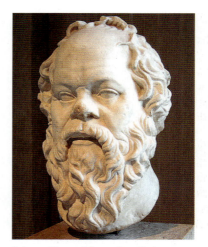

Sokrates (Marmorbüste, 1. Jh. n. Chr.)

Die drei Bereiche der antiken Philosophie

Grundsätzlich unterteilte man die Philosophie in die Gebiete Physik (als Lehre von der Natur), Ethik (als Lehre vom richtigen Verhalten) und Dialektik bzw. Logik, in der man Sachverhalte von mindestens zwei Seiten her zu betrachten und logisch zu argumentieren lernte.

1.3 Die großen philosophischen Schulen der Antike

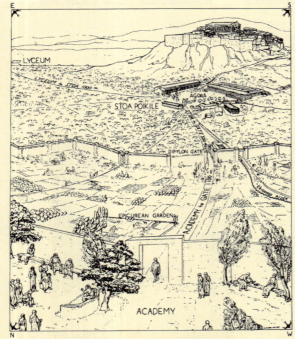

Die athenischen Philosophenschulen in einer Skizze von C. H. Smith (1987)

1.3.1 Die Akademie Platons

Sokrates hatte seine Lehre nicht schriftlich hinterlassen. Wir wissen über sein Leben und Denken v.a. dank der Schriften seines Schülers Platon (427–347 v. Chr.), der in Athen seine Schule, die berühmte »Akademie«, gegründet hatte. Platon ging von einer zweigeteilten Welt aus: einer Welt der Erscheinungen und einer der Ideen. Das Pferd auf der Weide erscheint uns als wirklich – für Platon aber ist es wegen seiner Sterblichkeit nur das flüchtige Abbild der vollkommenen und unvergänglichen Idee des Pferdes, des unwandelbaren Urbildes, an dem das Abbild nur Teil hat (*methexis*). Das Abbild kann mit den Sinnesorganen erkannt, das Urbild muss über einen Denkakt erschlossen werden. Konsequent trennt Platon zwischen Materie und Geist bzw. Seele (Dualismus). Seiner Vorstellung nach lebt jede Seele vor ihrem Eintritt in den Körper im himmlischen Reich der Ideen und vermag diese zu sehen. Sobald die Seele jedoch in einen Körper geboren wird, verliert sie ihr ursprüngliches Wissen um die Urbilder, allerdings nicht vollständig: Durch einen äußeren Anstoß ist eine Rückerinnerung möglich (*anamnesis*). Nach dem Tod des Körpers kann die Seele ins Reich des Geistes zurückkehren – das aber hängt davon ab, wie sich die Seele in der Zeit ihrer Einkörperung verhalten hat, d. h. ob sie den körperabhängigen Trieben nachgegeben hat oder aber der (laut Platon) körperunabhängigen Vernunft gefolgt ist, also in der Lage war, sich weitgehend vom Interesse an materiellen Dingen zu lösen. Platon ging des Weiteren davon aus, dass ein Weltenbaumeister (Demiurgos) die Welt gut, vernünftig und in größtmöglicher Ordnung geschaffen habe.

Raffael: Die Schule von Athen (1510/1), Detail: Platon und Aristoteles

1.3.2 Der Peripatos des Aristoteles

Platons bedeutendster Schüler war Aristoteles (384–322 v. Chr.), der nach dem Tod seines Lehrers die Akademie verließ und nach Jahren als Erzieher des späteren Weltherrschers Alexander des Großen seine eigene Schule in Athen, den später sogenannten »Peripatos« gründete. Aristoteles hat auf sehr vielen Gebieten des menschlichen Wissens Bleibendes hinterlassen: Er begründete die Naturwissenschaft und die Metaphysik, er gilt als Vater der Logik, schrieb Bücher über Dichtungslehre und Rhetorik und begründete die wissenschaftliche Staatslehre. Vermittelt durch arabische Gelehrte prägte sein systematisierendes Denken noch die Scholastik des 13. Jh.s n. Chr., also die wissenschaftliche Denkweise und Methode der Beweisführung im Mittelalter.

1.3.3 Der Kepos Epikurs

Ebenfalls in Athen beheimatet war die Schule Epikurs, der sog. »Kepos«, benannt nach dem Garten, in dem der Meister (341–270 v. Chr.) mit seinem Freundeskreis zu philosophieren pflegte. Typisch für die epikureische Lehre war die Aufforderung, sich von Gesellschaft und politischer Betätigung fernzuhalten und sein Lebensglück in der kleinen Gemeinschaft verwandter Seelen zu suchen (*lathe biosas*, »lebe im Verborgenen«). Zentraler Begriff ist die *hedone* (*voluptas*), die aber nicht als kurzfristige Sinnesreizung, sondern als langfristige seelische Ausgeglichenheit (*ataraxia*) verstanden wird, konkret: das Freisein von körperlichem Schmerz und von seelischen Ängsten. Anstelle von Luxus und Übermaß empfiehlt die epikureische Lehre Einfachheit und Genügsamkeit. Der Epikureer wägt stets genau ab, ob ein Vergnügen ihm künftig Unlust bereiten wird – in diesem Falle verzichtet er darauf (sog. Lustkalkül).

Epikurs Weltbild ist materialistisch: Es gibt keinen Schöpfergott, sondern den leeren, unendlichen Raum (*inane*) und die Atome, die durch die Schwerkraft nach unten fallen, aber vom senkrechten Fall leicht abweichen (sog. *declinatio*). Dank ihres zufälligen Zusammenpralls gehen die Atome Verbindungen ein und bilden so alle Dinge der Welt, die sich irgendwann wieder in Einzelatome auflösen. Es herrschen die Naturgesetze und

Titelbild der Zeitschrift „epicurean" als Beispiel für einen hedonistisch missverstandenen Epikur

der blinde Zufall (*casus*) – Epikurs Weltbild kennt kein Ziel und keinen letzten Zweck. So bedarf es auch keiner Götter. Epikur verbannte diese in Zwischenwelten (Intermundien), wo sie ein glückliches Leben führen und sich nicht um Mensch und Welt kümmern. Diese Vorstellung soll den Menschen die Furcht vor strafenden Göttern nehmen. Nach Epikur ist auch die Angst vor dem Tod und dem, was danach kommen könnte, unnötig: Schließlich zerfällt die aus Atomen bestehende Seele nach dem Tod in ihre Einzelteile – es gibt kein Leben nach dem Tod. Im Unterschied zum platonischen Dualismus, der zwischen Leib und Seele unterscheidet, ist Epikurs Lehre monistisch, insofern Körper und Seele gleichermaßen materiell, weil aus Atomen bestehend, gedacht werden. In Rom hat Lukrez mit seinem Lehrgedicht *de rerum natura* die epikureische Philosophie bekannt gemacht.

1.3.4 Die Stoa

In Konkurrenz zu Epikur trat die philosophische Schule der Stoa, so benannt nach dem Gebäude der sog. »Stoa Poikile« in Athen, einer Wandelhalle mit bunten Gemälden.

Anders als die Epikureer waren die Stoiker der Überzeugung, man müsse für die Gemeinschaft tätig sein. So kann der Einzelne zur Ordnung der Welt beitragen, die der göttliche Logos vorausschauend und fürsorglich (*providentia*) geschaffen und geordnet hat. In der stoischen Vorstellung läuft alles notwendig und zweckmäßig nach einem festen Plan ab (*heimarmene, fatum, series causarum*). Der Mensch kann an diesem fest gefügten Weltenlauf nichts ändern, aber es ist an ihm, zu entscheiden, wie er sich dazu verhält: Der Stoiker fügt sich aus freien Stücken in das, was das Schicksal ihm bringt. So lebt er im Einklang mit der Natur (*secundum naturam vivere*), und das heißt im Einklang mit dem Logos [▶ Gleichnis von Hund und Wagen]. Alle Menschen tragen Keime (*semina*) des göttlichen Logos (*ratio*) in sich, sind also gleichsam Mitbürger der Götter und zugleich Brüder ihrer Mitmenschen – egal, ob Griechen oder Barbaren, Freie oder Sklaven, Männer oder Frauen (stoischer Kosmopolitismus). Die *ratio* befähigt die Menschen, Gefühlsaufwallungen zu kontrollieren, um so zum Idealzustand der Leidenschaftslosigkeit (*apatheia*) zu ge-

1.4 Die Philosophie in Rom

Die Römer waren ursprünglich ein Volk von Bauern, und das heißt vor allem praktisch orientiert – dieser Wesenszug blieb auch in späterer Zeit bestimmend: Die größten Leistungen der Römer liegen im Ingenieurswesen, der Baukunst, dem Militär und der Verwaltung. Im Zuge ihrer Eroberungen kamen die Römer mit der griechischen Gedankenwelt in Berührung, die eher theoretisch ausgerichtet war. Die Römer reagierten teils fasziniert, teils skeptisch. Typisch für diese zwiegespaltene Haltung ist Cato der Ältere, der eine Gesandtschaft dreier Philosophen aus Griechenland im Jahre 155 v. Chr. ausweisen ließ, nachdem Karneades, der Vertreter der Akademie, an einem Tage für, am anderen gegen den Wert der Gerechtigkeit argumentiert hatte – Cato sah dieses Hinterfragen traditioneller Wertvorstellungen als ideologisch gefährlich für die Jugend Roms an. Er selbst allerdings lernte heimlich die griechische Sprache und bildete sich an Büchern griechischer Schriftsteller. Bald kamen weitere griechische Philosophen nach Rom, wie etwa der Akademiker Philo von Larissa oder der Stoiker Poseidonios, die zu Lehrern des jungen Cicero wurden. Für die geistige Elite Roms wurde es selbstverständlich, in Athen, der Hochburg der Philosophie, zu studieren – das taten etwa Cicero und der Dichter Horaz. Typisch für die römische Ausprägung der Philosophie ist ihr vorrangiges Interesse an der Ethik – die Römer waren auch in der Philosophie auf praktischen Nutzen und Anwendbarkeit des Wissens bedacht.

1.4.1 Der Scipionenkreis

Der Feldherr und Politiker Scipio Africanus der Jüngere, berühmter Sieger über Karthago 146 v. Chr., scharte in Rom einen Kreis gebildeter Männer um sich, dem neben adligen Römern auch Griechen angehörten: der Historiker Polybios und der stoische Philosoph Panaitios. Der Scipionenkreis setzte sich zum Ziel, römischen Geist mit griechischer Kultur zu verbinden und das Ideal der *humanitas* (Mitmenschlichkeit und zugleich Streben nach Bildung) in Rom heimisch zu machen.

Cicero (Marmorbüste, 1. Jh. n. Chr.)

1.4.2 Ciceros Leistung auf dem Gebiet der Philosophie

Ciceros Leistung bestand zum einen darin, die lateinische Sprache um eine eigene philosophische Begrifflichkeit zu erweitern, mit der die griechischen Gedanken präzise wiedergegeben werden konnten. Zum anderen schenkte er seinen Landsleuten eine Gesamtschau der griechischen Philosophie in ihrer Sprache – in über 30 Büchern, die in der kurzen Zeitspanne von Cäsars Diktatur 46–44 v. Chr.

B. West: Cicero findet das Grabmal des Archimedes in Syrakus (1797)

entstanden sind. Cicero schuf keine eigene Philosophie; er suchte sich aus allen Systemen das für Rom Interessante aus, weshalb man ihn einen Eklektiker nennt (von *eklegein* auswählen). Als Politiker sympathisierte er am ehesten mit der tätigen *virtus* der Stoa, ansonsten mit der skeptischen Ausrichtung der Akademie, die nach der Methode des Für und Wider (*in utramque partem disputare*) alles in Zweifel zog – im Bewusstsein, dass man nie die Wahrheit, aber immerhin das Wahrscheinliche (*verisimile* bzw. *probabile*) erkennen kann. Der Epikureismus mit seiner Rückzugstendenz blieb Cicero als politisch aktivem Menschen völlig fremd.

1.4.3 Seneca – ein Stoiker an der Macht

Seneca (um 1 v. Chr.–65 n. Chr.) ist eine hochinteressante und schillernde Persönlichkeit: Er war Erzieher des späteren Kaisers Nero, war zweitmächtigster und zweitreichster Mann im römischen Staat – und prangerte doch in seinen philosophischen Schriften beständig Luxus und Verschwendungssucht seiner Zeit an. Dies trug ihm bei seinen Gegnern den Ruf des Heuchlers ein. Stellt man aber in Rechnung, dass die Regierungszeit Neros als glückliche Epoche galt, solange Seneca mitregierte, und denkt man vor allem an die unerschütterlich stolze Haltung, mit der er später den von Nero befohlenen Selbstmord vollzog, kommt

1.4.4 Dialog und Lehrbrief

Den Dialog als philosophische Gattung hat Platon erfunden. Dabei ließ er im Sinne sokratischer Maieutik mehrere Gesprächspartner auftreten, die in einer Rahmenhandlung philosophische Gespräche führten. Cicero griff diese Gestaltungsidee auf, indem er in seinen fiktiven Dialogen römische Adlige als Vertreter verschiedener philosophischer Richtungen die Ansichten ihrer Schulen austauschen ließ. Von anderer Art sind Senecas ebenfalls als Dialoge bezeichnete philosophische Abhandlungen: Zu einer Art Dialog werden diese Texte dadurch, dass Seneca bisweilen selbst in Frageform mögliche Einwände gegen seine Thesen formuliert und damit den Eindruck erweckt, als kämen sie von einem Zuhörer, der mitdiskutiert (sog. *fictus interlocutor*). Als Gespräche in Briefform verstehen sich auch die philosophischen Lehrbriefe Senecas, die zwar an einen gewissen Lucilius gerichtet sind (*Epistulae morales ad Lucilium*), von Anfang an aber auch für ein breites Lesepublikum gedacht waren. Sie befassen sich mit vielen Themen, die nichts an Aktualität eingebüßt haben: dem Problem der Zeitvergeudung, der Selbstentfremdung von Menschen, wenn sie ihr Leben in besinnungsloser Aktivität zubringen, oder mit Wissenschaften, die nicht den Menschen dienen.

Seneca (Holzbüste im Chorgestühl des Ulmer Münsters, um 1470)

man nicht umhin, eine große Übereinstimmung zwischen seinem Leben und seiner Lehre festzustellen. Senecas Philosophie ist weniger theoretische Erörterung als vielmehr Aufforderung und Ermahnung – dazu trägt sein Schreibstil bei, der sich durch geschliffene Kürze, pointierte Formulierungen und geistreiche Antithesen von Ciceros Redeweise absetzt, die in langen Satzperioden dahinströmt. Senecas philosophische Prosa hat einen gewaltigen Einfluss auf die europäische Literatur ausgeübt, v. a. auf Michel de Montaigne (1533-1592), der nach Senecas Vorbild die neue Form des Essays schuf.

200 v. Chr.	100 v. Chr.	0	100 n. Chr.
Gaius Lucilius (168 v. Chr. – 102 v. Chr.)		Seneca (um 1 n. Chr. – 65 n. Chr.)	
	Catull (um 87 v. Chr. – um 57 v. Chr.)	Petron (um 14 n. Chr. – 66 n. Chr.)	
	Horaz (65 v. Chr. – 8 v. Chr.)	Persius (34 n. Chr. – 62 n. Chr.)	
		Martial (40 n. Chr. – um 103 n. Chr.)	
		Juvenal (60 n. Chr. – 130 n. Chr.)	

2. Die Lust am Spotten – die römische Satire

2.1 Die römische Satire

Die Satire als literarische Gattung ist eine römische Erfindung ohne griechisches Vorbild, weshalb der Rhetoriklehrer Quintilian voller Stolz befindet: *Satura quidem tota nostra est* (Quint. Inst. Or. 10,1). Unklar ist, woher das Wort *satura* genau kommt. Wahrscheinlich handelt es sich dabei um eine Bezeichnung aus der Kochkunst für eine Füllmasse aus mehreren Zutaten. Den Begriff *satura* übertrug man dann auf literarische Werke, für die eine bunte Mischung an Themen typisch war. Erst später verengte sich die Bedeutung auf Schmähgedichte, in denen menschliche Schwächen bloßgestellt wurden – zum ersten Mal bei Lucilius (168–102 v. Chr.), der in seinen Satiren aggressive Seitenhiebe auf Persönlichkeiten seiner Zeit austeilte.

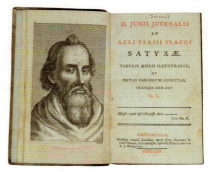

Juvenal-Porträt in einer Ausgabe der Satiren (1763)

2.1.1 Die Verssatire und ihre römischen Vertreter

Lucilius verfasste seine Satiren im Versmaß des Hexameters und begründete damit eine Tradition, die die nachfolgenden römischen Satireschriftsteller allesamt fortführten: der zu Zeiten des Augustus lebende Satiriker Horaz (65–8 v. Chr.), der in neronischer Epoche wirkende Persius (34–62 n. Chr.) und der in späterer Kaiserzeit schreibende Juvenal (60–130 n. Chr.).

2.1.2 Die menippeische Satire und ihre römischen Vertreter

Diese Form der satirischen Dichtung geht auf den kynischen Autor Menippos von Gadara (3. Jh. v. Chr.) zurück, der seine Schriften in einer Mischung aus Prosa- und Verspartien (Prosimetron) abfasste. Diese Art des Schreibens wurde Vorbild für die spezifische Gestaltung von Petrons satirischem Roman *Satyrica* und Senecas Satire auf den Tod des Kaisers Claudius mit dem Titel *Apocolocyntosis* (»Verkürbissung«).

Bankettszene (Römische Wandmalerei, 1. Jh. n. Chr.)

nen. Zusätzlich wird Trimalchio durch die von ihm eingeladenen Gäste charakterisiert – allesamt Freigelassene wie er, die in ihren Gesprächen nur über Alltagsbanalitäten zu sprechen in der Lage sind. Im Beisein der gebildeteren Gäste werden ihnen ihre Defizite durchaus bewusst, die sie durch Imponiergehabe und Beleidigungen zu überdecken suchen.

2.3.2 Das Vulgärlatein und seine Merkmale

Die Tischgespräche der Freigelassenen bei Trimalchio sind eine erstrangige Quelle, um die Umgangs- und Alltagssprache dieser Zeit, das sog. Vulgärlatein, kennenzulernen. Petron hat Sprechern aus dem Volk genau »auf's Maul geschaut« und deren Spracheigentümlichkeiten für die Nachwelt festgehalten. So verwenden die auf altem griechischen Siedlungsgebiet in Unteritalien lebenden Freigelassenen selbstverständlich Gräzismen (z. B. *topanta*, *saplutus*), benutzen häufig sprachliche Klischees wie Sprichwörter oder feste Redewendungen (z. B. *manus manum lavat*), sprechen mit Auslassungen/Ellipsen (z. B. *heu, heu quotidie peius*), formulieren vorwiegend in einfachen, parataktischen Sätzen (z. B. am Stück: *Quare tangomenas faciamus. Vita vinum est. Verum Opimianum praesto.*), bedienen sich einer bildhaft-übertreibenden Ausdrucksweise (z. B. *nummos modio metitur, animam ebulliit*) und einer gefühlsbetonten Sprache, wie sie sich in häufigen Ausrufen (z. B. *babae babae, mehercule*) und Deminutiven zeigt (z. B. *homuncio* für *homo*). Das gesprochene Latein weist im Unterschied zum Schriftlatein Ungenauigkeiten in Satzbau und Grammatik auf: Der AcI wird nicht immer berücksichtigt (z. B. *Spero tamen, iam veterem pudorem sibi imponet*),

2.2 Petron

Gaius Petronius Arbiter (gest. 66 n. Chr.) war ein hoher römischer Beamter, der als *elegantiae arbiter* (»Schiedsrichter des guten Geschmacks«) Ansehen am Hofe des Kaisers Nero genoss. Durch Intrigen fiel er in Ungnade und wurde wie Seneca vor ihm zum Selbstmord getrieben, den er gelassen auf sich nahm. Er verfasste den ersten bekannten lateinischen Roman mit dem Titel *Satyrica*.

2.3 Petrons Roman *Satyrica*

Petrons Roman lässt sich keiner Gattung eindeutig zuordnen: Sein Titel spielt auf die Satire mit ihrer Vielfältigkeit behandelter Stoffe an, der Wechsel von Prosa- und Verspartien erinnert an die Menippeische Satire. Als Roman steht das Werk in der Tradition des hellenistischen Liebesromans, in dem häufig ein verliebter junger Mann von seiner Geliebten getrennt und beide erst nach vielen Reiseabenteuern glücklich wiedervereint werden. Petron allerdings stellt mit dem Ich-Erzähler Enkolp und seinem Freund Ascyltos ein homosexuelles Liebespaar in den Mittelpunkt, das zusammen mit dem Lustknaben Giton das Unteritalien zur Zeit Neros bereist und in niedrigen gesellschaftlichen Milieus (Prostituierte, ehemalige Sklaven, Matrosen) einschlägige Erfahrungen sammelt – deutliche Hinweise auf eine Parodie des griechischen Liebesromans. Aber damit nicht genug: Oft finden sich auch parodistische Anspielungen auf das homerische Epos, etwa wenn die Hauptfigur Enkolp vom Zorn des kleinen und lächerlichen Garten- und Fruchtbarkeitsgottes Priap von einem Liebesabenteuer zum anderen getrieben wird, so wie der hohe epische Held Odysseus in Homers Epos vom Zorn des Meeresgottes Poseidon wegen der Blendung Polyphems über die Weltmeere gejagt wird. Petrons nur in Bruchstücken erhaltener Roman wurde zum Vorbild für den im 16. Jahrhundert in Spanien entstandenen *picaro*- (»Schelm«) bzw. Schelmenroman, in dem ein Held von niederer Abkunft sich dank seiner Bauernschläue in einer Reihe von Abenteuern durchs Leben schlägt. Der berühmte italienische Filmregisseur Federico Fellini hat Petrons Werk mit seinem Film »Satyricon« von 1969 ein cineastisches Denkmal gesetzt.

2.3.1 Die *Cena Trimalchionis*

Ein Glanzstück des Romans ist die Schilderung des Gastmahls bei Trimalchio, einem ehemaligen Sklaven, der es als Freigelassener zu großem Reichtum gebracht hat und diesen voller Stolz den geladenen Gästen präsentiert. Für den Leser witzig sind die ironischen Kommentare des Ich-Erzählers Enkolp, der die fehlende Bildung und den mangelnden Geschmack Trimalchios aufspießt. In seinen Inszenierungen und Redebeiträgen entlarvt sich der Gastgeber als Emporkömmling, dessen Bildung und Benehmen mit seinem Reichtum nicht hat Schritt halten kön-

2 DIE LUST AM SPOTTEN – DIE RÖMISCHE SATIRE

Catull-Denkmal in Sirmione

2.5.1 Catull

Der Dichter Catull (84–54 v. Chr.) hatte dem Epigramm in Rom zu besonderer Aufmerksamkeit verholfen, nicht zuletzt durch seine respektlosen satirischen Verse auf politische Schwergewichte seiner Zeit. Radikal maß er die ersten Männer des Staats nicht an ihrem Ansehen, sondern ihrem Verhalten. Dabei wurde der mächtige Cäsar genauso wenig geschont wie dessen militärischer Gefolgsmann Mamurra oder die sich schamlos selbstbereichernden Provinzstatthalter Memmius und Piso – auch Cicero musste sich den Spott Catulls gefallen lassen.

2.5.2 Martial

Vollends berühmt wurde die literarische Kurzform des Epigramms durch den kaiserzeitlichen Dichter Martial (40–104 n. Chr.). Seine Epigramme spießten auf witzige und geistreiche Art körperliche Auffälligkeiten und Charakterfehler der Römer seiner Zeit auf und gewähren so einen tiefen Einblick in den Alltag und die Gesellschaft Roms zur Kaiserzeit. Im Unterschied zu Catull, den er sonst als Vorbild empfand, verwendete Martial nie die echten Namen der von ihm verspotteten Personen, sondern erfand Kunstnamen für sie (sog. Pseudonyme) – getreu seinem Motto *parcere personis, dicere de vitiis*. Insgesamt schrieb er 15 Bücher mit insgesamt über 1500 Epigrammen.

2.5.3 Lessings Epigrammtheorie und die Metrik des elegischen Distichons am Beispiel von Martial 10, 8

Erwartung (Wecken der Spannung) und *Aufschluss* (überraschende Pointe)

— ⏑⏑ — ⏑ ⏑—|— ⏑⏑ —⏑⏑ — ⏑
Nubere Paula cupit nobis, ego ducere Paulam
— ⏑⏑ — —|— ⏑⏑ —⏑⏑ —
nolo: anus est. Vellem, si magis esset anus.

Paula will mich heiraten, ich will Paula nicht heiraten: Denn sie ist eine alte Frau. Ich wollte schon, *wenn sie noch älter wäre*.

Maskulinum und Neutrum werden nicht mehr sicher unterschieden (z. B. *balneus* statt *balneum*, *vinus* statt *vinum*), die Deponentien verschwinden (z. B. *loquis* statt *loqueris*), und das Pronomen *ille* verliert seine Funktion als Demonstrativpronomen – all diese Veränderungen weisen schon auf die romanischen Sprachen als Erben des Lateinischen voraus: So wird z. B. das ehemalige Demonstrativpronomen *ille, illa, illud* im Französischen zu einem Artikel (männlich *le*, weiblich *la*), das lateinische Zahlwort *unus* zum unbestimmten Artikel (frz. und spanisch *un*).

2.4 Die Eigenart der horazischen Satire – *ridentem dicere verum*

Horazens Vorgänger Lucilius hatte in seinen Satiren bekannte Persönlichkeiten der römischen Republik mit Namensnennung und in aggressivem Ton angeprangert. Horaz beschritt einen anderen Weg: Anstelle von beißendem Sarkasmus und lauter Empörung gab er menschliche Schwächen auf humorvolle Weise der Lächerlichkeit preis – entsprechend dem programmatischen Motto seiner Satiren: *ridentem dicere verum*. Dabei doziert Horaz nicht vom Katheder des unfehlbaren Sittenpredigers herab, sondern gibt eigene Schwächen freimütig zu und betrachtet sich selbst mit einer gehörigen Portion Selbstironie. Eben weil er sich selbst nicht als perfekt hinstellt, wirkt seine Kritik am Verhalten anderer weniger verletzend, dafür aber umso glaubwürdiger.

Horaz-Denkmal auf der Piazza Quinto Orazio Flacco in Venusia (1898)

2.5 Das Epigramm als Gattung satirischen Schreibens

Die Form des Epigramms stammt aus Griechenland. Ursprünglich handelte es sich um eine Auf- oder Inschrift auf einem Denkmal oder Gegenstand, löste sich aber von dieser Verwendung und wurde zu einer dichterischen Gattung mit fester Form: Abgefasst ist es meist im Versmaß des elegischen Distichons. Häufig bestehen Epigramme aus nur zwei Zeilen, bisweilen umfassen sie aber auch mehr Verse. Der römische Hang zur Spottlust prädestinierte die prägnante Form des Epigramms zum Abschießen satirischer Pfeile.

3. Die Freude über Frieden – die Zeit des Augustus

3.1 Die geschichtliche Leistung des Augustus

Nach einem Jahrhundert andauernder Bürgerkriege und Machtkämpfe in Rom (133–31 v. Chr.) war Roms Wohlstand gefährdet, ganze Landstriche Italiens verwüstet, die meisten Bürger verängstigt, das Vertrauen in die Politik geschwunden, Recht und Ordnung lagen darnieder. Es ist die große Leistung des später Augustus genannten ersten Kaisers Rom, für eine Wende gesorgt zu haben: Sein Zeitalter ist als das des Friedens berühmt geworden, auch wenn diese *pax Augusta* mit viel Blut bezahlt war. Augustus bemühte sich mit Erfolg, die in den Wirren der Bürgerkriege fast vergessene Religion wiederzuerwecken, indem er verfallene Tempel renovieren und alte Priesterschaften wiedereinführen ließ. Er sorgte mit seiner Ehe- und Sittengesetzgebung dafür, dass die Oberschicht sich wieder zu Werten wie Familie und politischer Mitgestaltung am Staatswesen bekannte anstelle sich egoistisch dem Luxus hinzugeben. Und es gelang ihm das Kunststück, die neue Form seiner Alleinherrschaft, den Prinzipat, dank der Beibehaltung des Senats als Fortführung der Republik aussehen zu lassen.

3.2 Kunst und Baukunst zur Zeit des Augustus

Zahlreiche Kunstwerke und Bauten der augusteischen Epoche wurden vom Kaiser in Auftrag gegeben, finanziert und für alle Bürger in Rom zugänglich gemacht. Wie die Literatur kündeten auch Kunst und Architektur von den Wertvorstellungen der Zeit. So feierte die berühmte Ara pacis den Frieden unter Augustus, the-

Augustusforum in Rom (Holzstich nach einer Zeichnung von G. Rehlender, um 1890)

matisierte über ihre Reliefs mit den Darstellungen eines Priesterumzugs bzw. der Mutter Erde die Themen der Religion und des glücklichen Landlebens. Eine riesige Sonnenuhr ließ den Schatten ihres Zeigers, eines Obelisken, am Geburtstag des Augustus, auf den Eingang der Ara pacis fallen, als Symbol dafür, dass dieser Kaiser der von den Himmlischen auserkorene Friedensbringer ist. Der Apollotempel auf dem Palatin setzte der Hausgottheit des Augustus ein Denkmal, auf dem Augustusforum waren in langen Reihen Ehrenstatuen für vorbildliche Politiker und Feldherrn der Republik zusammen mit den mythischen Gründerfiguren Äneas und Romulus aufgestellt.

Der Brustpanzer des Augustus von Prima Porta (ca. 20 v. Chr.)

Die berühmte Statue des Augustus von Prima Porta stellte auf ihrem Brustpanzer die Rückgabe römischer Feldzeichen durch die Parther dar – ein auf Verhandlungen basierender außenpolitischer Erfolg des Augustus, für den er sich feiern ließ.

3.3 Die Literatur der augusteischen Zeit

Typisch für die augusteische Erneuerung ist ihre Rückwärtsgewandtheit: Man suchte sich in der Frühzeit der römischen, noch bäuerlich geprägten Republik ein Verhaltensvorbild, insbesondere am Fleiß, der Bescheidenheit, der Sittlichkeit und ehelichen Treue der Menschen auf dem Lande. Die Schriftsteller der Zeit griffen diese Themen auf: Horaz schwärmt von den Freuden des einfachen Landlebens und beschwört in den Römeroden die Werte, die die Römer einst groß gemacht haben. Der Historiker Livius blickt in seinem Geschichtswerk auf die sagenhaften Anfänge der römischen Republik mit ihren Heldengestalten zurück. Vergil erinnert mit seinem Epos an den trojanischen Gründungsvater Roms, Äneas, den er als Inbegriff der *pietas* zeichnet – als Muster eines Mannes, der Ehrfurcht vor den Göttern, Respekt vor den Eltern und Pflicht gegenüber seiner Heimat kennt.

3.3.1 Der Maecenaskreis

Ein genialer Mittler zwischen den Dichtern und Kaiser Augustus war der aus altem etruskischen Königsgeschlecht stammende Ritter C. Cilnius Maecenas: Er entdeckte dichterische Talente, förderte sie finanziell oder mit großzügigen Geschenken und brachte sie in Kontakt mit dem Kaiserhaus. Neben dem Epiker Vergil und dem Lyriker bzw. Satiriker Horaz sind weitere prominente Mitglieder dieses Kreises der Elegiendichter Properz und der Tragödienschriftsteller Varius Rufus.

Auch wenn die Autoren in ihren Werken eine augustusfreundliche Grundhaltung erkennen lassen, darf man nicht

Ch. F. Jalabert: Die Dichter Horaz, Vergil und Varius im Haus des Maecenas (19. Jh.)

zwangsläufig davon ausgehen, dass im Maecenaskreis eine vom Princeps gesteuerte Kulturpolitik betrieben wurde. Der Name des Maecenas lebt bis heute im Begriff des »Mäzen« als Förderer der Künste fort.

3.3.2 Vergil

Vergil (70–19 v. Chr.) hatte unter den Folgen der Bürgerkriege zu leiden, da er im Zuge der Landverteilungen Oktavians den vom Vater ererbten Grundbesitz verlor. Allerdings bekam er wohl auf Betreiben des Oktavian diese Existenzgrundlage zurück, wofür er zeitlebens dankbar war. Vergil gehörte einer Generation an, die nach dem bürgerkriegsbedingten Verfall des Staates den politischen und moralischen Aufschwung unter Oktavian zu schätzen wusste. Über den Maecenaskreis fand Vergil persönlichen Zugang zu Augustus. In seinen drei Werken *Bucolica*, *Georgica* und *Aeneis* unterstützte Vergil aus innerer Überzeugung die restaurative, an altrömischen Werten und Traditionen orientierte Politik des Augustus.

Bucolica

Bei den *Bucolica* handelt es sich um sog. Hirtendichtung, in der die heile Welt des Landlebens idealisiert dargestellt wird. In zehn Gedichten (sog. Eklogen) erschafft Vergil eine idyllische Traumwelt (Arkadien) als hoffnungsvollen Gegenentwurf zum Italien seiner Zeit, das nach dem Jahrhundert der Bürgerkriege am Boden lag. Die berühmte 4. Ekloge schildert die Geburt eines Kindes, das das goldene Zeitalter Saturns zurückbringen wird – nicht wenige glaubten, dass Oktavian selbst gemeint sei.

Landidyll (Wandmalerei, um 11 v. Chr.)

Georgica

Die *Georgica* sind ein Lehrgedicht über die Landwirtschaft, das in vier Büchern den Ackerbau, die Baum-, Vieh- und Bienenzucht darstellt. Es ist aber nicht zur fachlichen Unterweisung von Landwirten gedacht, sondern idealisiert am Beispiel traditionellen Bauerntums ursprüngliche Tüchtigkeit und Wertebewusstsein des römischen Volkes – ganz im Einklang mit der am *mos maiorum* ausgerichteten augusteischen Erneuerungspolitik.

Aeneis

In der ersten Hälfte des auf zwölf Bücher angelegten Epos werden zunächst die Irrfahrten des Trojaners und späteren Stammvaters des römischen Volkes namens Äneas dargestellt (odysseische Hälfte), in der zweiten Hälfte seine Landung in Italien und die Kämpfe mit den Italikern unter Führung des Turnus (iliadische Hälfte). Nach dem Sieg über Turnus vereinigen sich die Trojaner unter Führung des Äneas mit den Italikern zu dem Mischvolk der künftigen Römer. Das Epos thematisiert aber nicht nur die mythische Vorzeit, sondern verweist in sog. »Durchblicken« wie der Jupiterprophetie, der Römerschau in der Unterwelt und der Schildbeschreibung auf die augusteische Gegenwart. In diesen Passagen wird Augustus mit seiner Friedenspolitik und seinem Programm der moralischen Erneuerung gepriesen, ja erscheint als Zielpunkt der römischen Geschichte überhaupt. Die Götter selbst legitimieren die Romidee, die Augustus als Angehöriger der *gens Iulia* in die Tat

Äneas und Askanius landen in Latium (Marmorrelief, ca. 140–150 n. Chr.)

umsetzt. Der *pius Aeneas* erscheint so als Vorläufer des Augustus. Als Vergil stirbt, setzte sich Augustus über dessen testamentarische Verfügung hinweg, wonach die unvollendete Äneis verbrannt werden sollte, und rettete so dieses Werk.

3.3.3 Das Epos und seine Merkmale

Beim Epos (dt. Wort, Erzählung) handelt es sich um eine erzählende Darstellung sagenhafter, mythologischer oder geschichtlicher Stoffe in breiter Form, meist im Versmaß des Hexameters. Wichtige Vertreter des Epos sind Homer (8. Jh. v. Chr.) mit der *Ilias* und der *Odyssee*, bei den Römern Naevius (3. Jh. v. Chr.), der in seinem Epos *Punica* mit dem 1. Punischen Krieg einen historischen Stoff behandelt, Ennius (2. Jh. v. Chr.), der in seinem Epos *Annales* die Geschichte Roms darstellt, bis ihn Vergil (1. Jh. v. Chr.) mit seiner *Äneis* als römischen Nationaldichter ablöst.

Typisch für die Epik sind:
- Proömium: (Vorrede mit Inhaltsangabe und Musenanruf)
- Parallelhandlung im Himmel: Götter greifen aktiv in die Handlung der Menschen ein
- Epitheta: formelhaft sich wiederholende, schmückende Adjektive, z. B. *pius Aeneas*
- feststehende, ständig wiederkehrende Formelverse
- Gleichnisse, die Gefühle oder Gedankengänge verdeutlichen
- detaillierte Beschreibungen von Gebäuden oder Kunstwerken (Ekphrasis)
- typische Szenen: Opferhandlungen, Waffenbeschreibungen, Kampfszenen, Prophezeiungen, Göttergespräche, Gang in die Unterwelt, treibendes Motiv des Götterzorns.

3.3.4 Horaz

Horaz (65–8 v. Chr.) war zunächst ein Gegner Oktavians, der auf der Seite der Cäsarmörder in der Schlacht von Philippi (42 v. Chr.) für die alte Republik kämpfte und sich nach der Niederlage eine neue Existenz suchen musste. In dieser hoffnungslosen Situation schrieb er Gedichte voller Verbitterung über die Selbstzerfleischung des römischen Volkes durch die Bürgerkriege. Maecenas wurde auf ihn aufmerksam, nahm ihn in seinen Kreis auf und beschenkte ihn mit einem Landgut in den Sabiner Bergen, das Horazens epikureischer Neigung zu einem von Großstadt und politischen Geschäften fernen Leben entgegenkam. Nicht zuletzt durch persönliche gute Erfahrungen und die Freundschaft mit Maecenas wurde Horaz zu einem überzeugten Vertreter der augusteischen Erneuerungsbewegung, die er in den sog. Römeroden und dem *Carmen Saeculare* gedanklich unterstützte – allerdings bewahrte er sich eine gewisse Distanz zum Kaiser: Als der ihm die Stelle eines Privatsekretärs anbot, lehnte Horaz ab – ohne dass Augustus ihm deswegen böse war. Horaz verleugnete trotz seiner Prominenz niemals seine Herkunft aus kleinen Verhältnissen: Stets äußerte er sich voller Liebe und Dankbarkeit über seinen Vater, der als kleiner Freigelassener dennoch dem Sohn ein Studium in Athen ermöglicht und nützliche Lebensweisheiten vermittelt hatte.

3.3.5 Livius

Livius (59 v. Chr.–17 n. Chr.), der aus der italienischen Provinzstadt Padua stammte, widmete sich seinem 142 Bände umfassenden Geschichtswerk unmittelbar nach seinem für junge Männer aus wohlhabenden Familien üblichen rhetorischen und philosophischen Studium, ohne Erfahrung in der Politik oder im Heer gesammelt zu haben. Über sein Werk kam er in Rom mit Maecenas und Augustus in Kontakt. Auch wenn Augustus im Scherz sagte, Livius habe die Geschichte Roms als Pompejaner dargestellt, also als Verfechter der überwundenen Republik, berührt sich seine Darstellung, die die Anfänge Roms verherrlicht, eng mit den Ideen der zeitgleich entstandenen Äneis: Beide Werke unterstützten ideell die augusteische Politik, die das Neue aus dem guten Alten schaffen wollte. Wie der Titel *Ab urbe condita* anzeigt, beschreibt Livius die Geschichte Roms von den Anfängen der Stadt (753 v. Chr.) bis zum Tod des Drusus, des Stiefsohnes von Augustus 9 v. Chr. Er reiht seine Bücher annalistisch aneinander, d. h. er berichtet über die Ereignisse, wie sie sich Jahr zu Jahr zugetragen haben. Wahrscheinlich hat Livius sein Werk in Pentaden, also in Gruppen zu je fünf Büchern, herausgegeben. Von den ursprünglich 142 Büchern sind nur Reste erhalten: die Bücher 1-10 und 21-45. Inhaltsangaben aus späterer Zeit (sog. *periochae*) lassen jedoch die Themen der verlorenen Bücher erschließen.

3.3.6 Die exemplarische Geschichtsschreibung des Livius

Wie Livius in der *praefatio* zu seinem Werk deutlich macht, verfolgt er mit seiner exemplarischen Geschichtsschreibung das Ziel, an konkreten Individuen moralisch richtiges (*virtus*) bzw. falsches Verhalten (*vitium*) vorzuführen. Beides soll entweder zur Nachahmung anregen oder abschreckende Wirkung haben. Sein Geschichtsbild ist einfach: Die Abkehr von altrömischen Werten hat zum Niedergang in der Gegenwart geführt, die Rückkehr zu den Idealen des *mos maiorum* wird die alte Stärke zurückbringen. Damit unterstützt Livius deutlich die augusteische Politik der moralischen Erneuerung. Indem er große geschichtliche Abläufe und schwierige Zusammenhänge an Einzelpersonen vorführt, geht zwar bisweilen sachliche Genauigkeit und Vollständigkeit verloren; dafür bietet er dem Leser Einblicke in die Gedanken und Gefühlslage der dargestellten Figuren, wie sie aus ihren Reden und Dialogen deutlich werden. So werden die geschichtlichen Ereignisse für den Leser spannend und nachvollziehbar, weshalb man Livius auch als großen Erzähler und Psychologen und sein Werk als ein »Epos in Prosa« bezeichnet. Bemerkenswert ist das Interesse des Livius für die Empfindungen von Frauen, an denen der Leser zum einen das Gefühl der Ohnmacht und Hilflosigkeit miterleben kann, aber auch, wie eine zunächst schwach scheinende Position zuletzt die Oberhand gewinnt (z. B. Lukretia).

Tizian: Tarquinius und Lukretia (1568–1571)

4. Das Leben in der Gemeinschaft – Ciceros Staatstheorie

4.1 Ciceros Schrift *de re publica* – historischer und biografischer Hintergrund

Im 1. Jahrhundert v. Chr. lastete ein gewaltiger Druck auf Rom. Das im Zuge vieler Eroberungen ausgedehnte Reich war schwer zu kontrollieren, große Militärführer wie Cäsar und Pompejus hatten viel Geld und loyale Heere hinter sich. Ihre Macht erschütterte die Stabilität des Staates und der traditionellen republikanischen Ordnung, über die sich der Schatten der Alleinherrschaft zu legen begann. In dieser instabilen Lage versuchte Cicero, die Senatsherrschaft und damit auch seinen politischen Einfluss zu retten; doch als die mächtigen Triumvirn Pompejus, Crassus und Cäsar sich auf der Konferenz von Luca (56 v. Chr.) geeinigt hatten, den römischen Staat unter sich auszumachen, war Cicero politisch endgültig abgemeldet. So blieb ihm nichts anderes übrig, als Politik mit den Mitteln der Schriftstellerei zu betreiben. In seiner von 55–51 v. Chr. verfassten Schrift *de re publica* lässt Cicero eine vergangene Zeit nostalgisch auferstehen – der fiktive Dialog spielt im Jahre 129 v. Chr. und lässt römische Aristokraten um den berühmten Feldherrn und Karthagobezwinger Scipio Africanus über das beste Staatswesen sprechen. Indem Cicero sein Werk *de re publica* nennt, spielt er auf Platons berühmte staatstheoretische Schrift *Politeia* an. Auch wenn Ciceros Werk nur bruchstückhaft überliefert ist, kann man die Themen der sechs Bücher rekonstruieren.

4.2 Der Aufbau von Ciceros Schrift *de re publica*

Buch I: Staatsdefinition und Verfassungskreislauf
Buch II: Entstehung der römischen Mischverfassung
Buch III: Gerechtigkeit als Fundament des Staates
Buch IV: Gesetzgebung und Gerechtigkeit
Buch V: Der beste Staatsmann
Buch VI: *Somnium Scipionis*

Palimpsest von Ciceros de re publica

4.3 Die Rolle des Einzelnen in Staat und Gesellschaft

Zu Beginn seiner Schrift *de re publica* unterscheidet Cicero zwischen zwei Lebensformen: einem Leben, das dem steten Streben nach sittlicher Vervollkommnung (*virtus*) gewidmet ist, und einem Leben, das sich in Vergnügen (*voluptas*) und Untätigkeit (*otium*) erschöpft.

Für Cicero ist die Bestimmung des Menschen, für die Gemeinschaft tätig zu sein – *virtus* erweist sich im praktischen Eingreifen und Tätigwerden (*vita activa*) –, die höchste Form der Betätigung ist die Politik, die höchste Form des Menschen der Staatsmann, der für die Gemeinschaft alles zu opfern bereit ist. Sein Lohn ist die Unsterblichkeit im Himmel, die ihm nach dem Tode winkt. Davon handelt der Traum Scipios, der Ciceros Schrift über den Staat beschließt. Die gesellschaftsflüchtige und untätige *vita contemplativa* der Epikureer erscheint belächelns- und verachtenswert zugleich.

Raffael: Somnium Scipionis: Scipio schlafend zwischen virtus (links) und voluptas (rechts) (1504)

4.4 Ciceros Staatsdefinition und Staatsentstehungstheorie in *de re publica* 1, 39

Est igitur res publica res populi, populus autem non omnis hominum coetus quoquo modo congregatus, sed coetus multitudinis iuris consensu et utilitatis communione sociatus. Eius autem prima causa coeundi est non tam imbecillitas quam naturalis quaedam hominum quasi congregatio.

Nach Cicero ist der Staat, wie sein Name sagt, eine öffentliche Angelegenheit (*res publica*), mithin Sache des Volkes – also nicht einiger weniger mächtiger Männer. Das Staatsvolk ist keine beliebig zusammengewürfelte Masse, sondern hat sich bewusst zusammengetan, weil es gleiche Vorstellungen von Recht hat (*iuris consensu*) und einen gemeinsamen Nutzen (*utilitatis communione*) in diesem Zusammenschluss sieht. Cicero lehnt die Anschauung der Sophisten ab, wonach jede

Form von Gemeinschaft nur aus Not und zur Kompensation von Schwachheit der Einzelnen (*imbecillitas*) entstanden sei. Vielmehr geht er mit Aristoteles davon aus, dass der Mensch ein *zoon politikon* sei, also ein Wesen, das seine vollständige Bestimmung erst im Zusammenleben einer Gemeinschaft findet. Demnach ist diese natürliche Veranlagung des Menschen (*naturalis quaedam hominum quasi congregatio*) als eigentliche Ursache für die Gründung des Staates anzusehen.

4.5 Die Staatsformen und die Theorie vom Verfassungskreislauf

Cicero kennt aus der griechischen Staatstheorie folgende einfache Staatsformen: die Monarchie (Herrschaft eines Einzelnen), die Aristokratie (Herrschaft der Besten) und die Demokratie (Herrschaft des Volkes). Jede dieser Staatsformen weist nach Cicero Mängel auf, die den Keim der Veränderung zum Schlechten in sich bergen: Aus der Monarchie entsteht durch Willkür des Herrschers die Tyrannis (Diktatur), aus der Aristokratie durch Klüngelwirtschaft eine Oligarchie bzw. Plutokratie (Herrschaft weniger Reicher), aus der Demokratie durch Parteienkämpfe eine Ochlokratie (Herrschaft des Pöbels, der plebs). Der sog. Kreislauf der Verfassungen erfolgt dabei nach dem folgenden, von Polybios entworfenen Schema, an dem sich Cicero weitgehend orientiert:

4.6 Die gemischte Verfassung (*genus mixtum*)

Wenn Cicero von allen Staatsverfassungen einer den Vorzug geben müsste, würde er die Monarchie wählen: Denn in ihr herrscht im Idealfall ein Philosophenkönig, wie ihn Platon in seiner Schrift *Politeia* skizziert hatte. Als Realist aber ist für Cicero die beste Verfassung die sog. gemischte Verfassung (*genus mixtum*), in der Elemente aus Monarchie, Aristokratie und Demokratie vertreten sind. Diese Mischverfassung ist am besten geeignet, dauerhaft und damit nicht dem permanenten Wandel des Verfassungskreislaufs unterworfen zu sein. Cicero lehnt sich in seiner Darstellung an Gedanken des griechischen Historikers Polybios an, der die Mischverfassung am vollkommensten in der römischen Republik verwirklicht sah – als Ergebnis der Erfahrung vieler Jahrhunderte. Dabei vertreten die Konsuln das monarchische Element, insofern sie nahezu königliche Machtbefugnisse besitzen, die sie aber mit ihrem Amtskollegen teilen müssen (Kollegialität). Weitere Beschränkungen ihres Einflusses sind die Begrenzung ihres Amtes auf ein Jahr (Annuität) sowie das Verbot, ein weiteres Amt zu bekleiden (Kumulationsverbot). Das aristokratische Element dieser Mischverfassung bildet der Senat, der Gesetze zwar initiieren, aber nicht beschließen kann. Die Volksversammlung stellt das demokratische Element dar: Sie besitzt nicht das Recht zur Gesetzesinitiative, kann aber per Veto Gesetzesbeschlüsse zu Fall bringen.

4.7 Recht und Gerechtigkeit

Cicero lässt die Dialogteilnehmer Philus und Laelius zwei unterschiedliche Positionen zu Recht (*ius*) und Gerechtigkeit (*iustitia*) einnehmen: Philus behauptet, Recht sei immer von Menschen gemacht, also zeit- und kulturabhängig, und damit relativ – was bei den einen Recht ist, gilt bei anderen als Unrecht. Das ist die Rechtsvorstellung des *ius civile*, eines positiven, weil von Menschen gesetzten Rechts. Laelius setzt dagegen die Vorstellung eines Rechts, das zu allen Zeiten kulturenübergreifend auf ewig gültig ist und die Würde des Menschen, die Unverletzlichkeit der Person sowie Freiheit und Gleichheit als selbstverständlich garantiert. Das ist die Rechtsvorstellung des *ius naturale*, eines aus der Natur bzw. letztlich von Gott abgeleiteten Rechts. Philus behauptet, Gerechtigkeit (*iustitia*) und kluger Eigennutz (*sapientia*) seien Gegensätze, da die Geschichte zeigt, dass der Gerechte oft der Dumme und der kluge Egoist strahlender Sieger sei – wer wollte da lieber gerecht als klug sein? Laelius dagegen vertritt die These, dass der Ungerechte zwar momentan Erfolg habe, letztlich sich aber selbst schade – ein *vir bonus* werde nie um des eigenen Vorteils willen einem anderen Unrecht zufügen.

Cicero hält Bauer und Ritter auf der Waage des Unrechts (Holzschnitt des Petrarca-Meisters, 1520)

4.8 Die Problematik des gerechten Krieges (*bellum iustum*)

Als Cicero das Buch über den Staat schrieb, führte Cäsar gerade Krieg in Gallien. Rom war zur Weltmacht geworden durch militärische Eroberungen, die die Gegner Roms als Ausflüsse eines brutalen Imperialismus brandmarkten. Vor dem Hintergrund solcher Kritik versuchte Cicero die Definition eines gerechtfertigten Krieges (*bellum iustum*): Demnach muss ein Krieg immer angekündigt sein und darf niemals ohne Grund geführt werden. Berechtigte Gründe sind Rache für erlittenes Unrecht, Verteidigung des eigenen Landes, Verteidigung von Verbündeten und Rückgewinnung von unrechtmäßig Verlorenem.

4.9 Der gerechte Staatsmann

Nach Cicero muss der Lenker des Gemeinwesens gebildet, weise, gerecht und redebegabt sein – außerdem muss er die Schriften der Griechen und das Recht kennen. Er ist es, der die Gerechtigkeit verwirklicht und das Recht deutet. Da das fünfte Buch weitgehend verloren ist, kann man nur vermuten, dass Cicero diesen idealen Staatsmann nach dem Schema der vier antiken Kardinaltugenden gezeichnet hat: Klugheit (*prudentia*), Tapferkeit (*fortitudo*), Gerechtigkeit (*iustitia*) und die Kunst des Maßhaltenkönnens (*temperantia*).

4.10 Augustinus' Schrift *de civitate dei*

Augustinus (354–430 n. Chr.) war Bischof von Hippo in Nordafrika und ein bedeutender Kirchenlehrer. Seine Schrift über den Gottesstaat versteht sich als Verteidigung (Apologie) gegen die Vorwürfe der Heiden, dass die Eroberung Roms durch die Westgoten unter Alarich 410 n. Chr. die Strafe der alten römischen Götter für ihre Missachtung durch die neue christliche Religion gewesen sei. Im Gegensatz zur antiken Philosophie, wonach der Mensch zu Lebzeiten Glück erreichen kann, behauptet Augustinus, dass der Mensch wahres Glück erst in einem jenseitigen, von der Gnade Gottes verliehenen Leben erlangen könne. Er unterteilt die Menschheit in eine Bürgerschaft Gottes (*civitas dei, civitas caelestis*) und in eine

M. Pacher: Augustinus und der Teufel (ca. 1475)

Bürgerschaft des Teufels (*civitas diaboli, civitas terrena*). Äußerlich ununterscheidbar, leben sie gemeinsam auf der Erde. Während die einen aber durch Selbstliebe verdorben sind, sehen die anderen in Gott das höchste Gut. Am Jüngsten Tag werden beide *civitates* für immer voneinander getrennt – auf die *civitas dei* wartet die ewige Seligkeit, auf die *civitas terrena* die Verdammnis der Hölle.

5. Register

5.1 Autoren und Werke in der Oberstufe

Augustinus *de civitate dei* **31 f.**
Catull *Epigrammata* **16, 20**
Cicero *de re publica, de natura deorum* **7, 27 f.**
Horaz *Carmina, Sermones* **16, 19, 22, 25**
Livius *ab urbe condita* **22, 25 f.**
Lukrez *De rerum natura* **7, 10**
Martial *Epigrammata* **16, 20**
Petron *Satyrica* **16–18**
Seneca *Apocolocyntosis, Dialogi, Epistulae morales ad Lucilium* **7, 11, 14 f., 16**
Vergil *Aeneis, Bucolica, Georgica* **22–24**

5.2 Literarische Gattungen der Oberstufe

Apologie (Augustinus) **31**
Epigramm (Catull, Martial) **19 f.**
Epos (Vergil) **17, 22, 24**
Geschichtsschreibung (Livius) **26**
Lehrbrief (Seneca) **15**
Lehrgedicht (Lukrez, Vergil) **10, 24**
Lyrik (Horaz) **22**
Philosophische Dialoge (Cicero, Seneca) **7, 15, 27, 30**
Roman (Petron) **16 f.**
Satire (Horaz, Petron, Seneca) **16–19**

5.3 Alphabetisches Register

A Abbild **8**
 ab urbe condita **25 f.**
 adiaphora **11**
 Äneas **22, 24**
 Aeneis **23, 24**
 Akademie **8, 9, 13, 14**
 Alexander der Große **9, 12**
 anamnesis **8**
 Anaximander **6**
 Anaximenes **6**
 Annales **24**
 Annuität **30**
 apatheia **10, 12**
 Apeiron **6**
 Apocolocyntosis **16**
 Apollotempel **22**
 Apologie **31**
 Aporie **7**
 Alarich **31**
 Ara Pacis **21, 22**
 Arché **6**
 arete **12**
 Aristokratie **29 f.**
 Aristoteles **6, 9, 29**
 Arkadien **23**
 Artikel **19**
 Ascyltos **17**
 ataraxia **9, 12**
 Athen **6, 8–10, 13, 25**
 Atome **9 f., 12**
 Augustinus **31 f.**
 Augustus **21–26**
 Augustusforum **21, 22**

B *bellum iustum* **31**
 bona **11**
 Bucolica **23**
 Bürgerkriege **21, 23, 25**

C Cäsar 13, 20, 27, 31
Carmen Saeculare 25
casus 10, 12
Cato der Ältere 13
Catull 16, 20
Cena Trimalchionis 17 f.
Chrysipp 6, 11
Cicero 7, 13–15, 20, 27–31
civitas dei / civitas caelestis 31 f.
civitas diaboli / civitas terrena 31 f.
Crassus 27

D *declinatio* 9
Deminutive 18
Demiurgos 8
Demokratie 29 f.
Demonstrativpronomen 19
de re publica 27 f.
Deterministische Vorstellung 12
Dialektik 7
Dialog 7, 15, 27, 30
Diktatur 13, 29
Dualismus 8, 10

E Eklogen 23
Ehe- und Sittengesetzgebung 21
Eklektiker 14
Ekphrasis 25
elegantiae arbiter 17
elegisches Distichon 19 f.
Ellipsen 18
Emporkömmling 18
Enkolp 17 f.
Ennius 24
Epigramm 19 f.
Epiktet 7, 11
Epikur 6, 9, 10, 12, 14, 28
Epitheta 25
Epos 17, 22, 24
Essay 15
Ethik 7, 13
eudaimonia 12

F *fatum* 10, 12
Fellini, Federico 17
fictus interlocutor 15
Formelverse 25
fortitudo 31
Freigelassene 17 f., 25

G *gens Iulia* 24
genus mixtum 29
Georgica 23, 24
gerechter Krieg 31
Gerechtigkeit 13, 27, 30 f.
Giton 17
Gleichnisse 10, 11, 25
Gräzismen 18
Güterlehre 11

H Hebammenkunst 7
hedone 9, 12
Hedonismus 12
Hexameter 16, 24
heimarmene 10, 12
Hellenismus 12
hellenistischer Liebesroman 17
Hirtendichtung 23
Homer 17, 24
Horaz 13, 16, 19, 22, 25
humanitas 13

I Idealweiser 12
Ideen 8
Ilias 24
Imperialismus 31
inane 9
indifferentia 11
Intermundien 10
in utramque partem disputare 14
ius 30
ius civile 30
ius naturale 30
iustitia 30 f.

J Jupiterprophetie **24**
Juvenal **16**

K Karneades **7, 13**
Kepos **9 f., 12**
Kleanthes **6, 11**
Kleinasien **6**
Kollegialität **30**
Konsuln **30**
Körper **8, 10**
Kosmopolitismus **10, 12**
Kumulationsverbot **30**

L *lathe biosas* **9, 12**
Lehrgedicht **10, 24**
Lessing, Gotthold E. **20**
Livius **22, 25 f.**
Logik **7, 9**
Logos **6, 10, 12**
Lucilius **15, 16, 19**
Lukretia **26**
Lukrez **7, 10**
Lustkalkül **9, 12**

M Maecenas **22 f., 25**
Maecenaskreis **22 f.**
Mäzen **23**
Maieutik **7, 15**
mala **11**
Mamurra **20**
Mark Aurel **7, 11**
Martial **16, 20**
Materie **8**
Menippeische Satire **16, 17**
Menippos von Gadara **16**
Metaphysik **9**
methexis **8**
Mischverfassung **29 f.**
Mittlere Stoa **11**
Monarchie **29 f.**
monistisches Weltbild **10**
Montaigne, Michel de **15**

mos maiorum **24, 26**
Mythos **6**

N Naevius **24**
Naturphilosophen **6**
Naturwissenschaft **6, 9**
Nero **14, 17**

O Obelisk **22**
Ochlokratie **29**
Oktavian **23, 25**
Odyssee **24**
Odysseus **17**
Oligarchie **29**
otium **28**

P Palatin **22**
Panaitios **7, 11, 13**
pantheistisches Weltbild **12**
parcere personis, dicere de vitiis **20**
Parodie **17**
Parther **22**
Pax Augusta **21**
Pentaden **26**
periochae **26**
Peripatos **9**
Persius **16**
Petron **16–18**
Philippi **25**
Philo von Larissa **7, 13**
Philosophenkönig **29**
Physik **7**
Picaroroman **17**
pietas **22**
pius Aeneas **24, 25**
Platon **6, 8 f., 15, 27, 29**
Plutokratie **29**
Politeia **27, 29**
Polybios **13, 29**
Pompejus **25, 27**
Poseidonios **7, 13**
praefatio **26**

Priap 17
Prinzipat 21
probabile 14
proficiens 11
Properz 22
Prosimetron 16
providentia/pronoia 10, 12
prudentia 31
Pseudonyme 20

Q Quintilian 16

R *ratio* 10, 12
Republik 21, 22, 25, 27, 29
ridentem dicere verum 19
Römeroden 22, 25
Römerschau 24
Roman 16 f.
Romidee 24
Romulus 22
Rückerinnerung 8

S *sapiens* 11
sapientia 30
satura 16
satura quidem tota nostra est 16
Saturn 23
Satyrica 16, 17
Schelmenroman 17
Schildbeschreibung 24
Scholastik 9
Schriftlatein 18
Scipio Africanus 13, 27 f.
Scipionenkreis 13
secundum naturam vivere 10
Seele 8–10, 12
Selbstironie 19
semina (rationis) 10
Seneca 7, 11, 14 f., 16

series causarum 10, 12
Sokrates 6–8
Sokratische Ironie 7
Somnium Scipionis 27, 28
Sonnenuhr 22
Staatsdefinition 27, 28 f.
Stoa 10–12, 14
Stoa Poikile 10, 11
Stoische Ruhe 11

T *temperantia* 31
Thales von Milet 6
Trimalchio 17 f.
Triumvirn 27
Turnus 24

U Übel 11
Urbild 8
Urgrund 6
Urstoff 6

V Varius Rufus 22
Verfassungskreislauf 27, 29
Vergil 22–24
verisimile 14
Verssatire 16
vir bonus 30
virtus 11 f., 14, 26, 28
vita activa 12, 28
vita contemplativa 12, 28
vitium 26
voluptas 9, 12, 28
Vorsokratiker 6
Vulgärlatein 18 f.

Z Zenon (von Kition) 6, 11
zoon politikon 29
Zufall 9, 10, 12
Zwischenwelten 10